Gerd Groß

Über und unter den Flügeln

Lyrik und Prosa

Die Bilder entstanden im „Atelier Lebenskunst",
einer Einrichtung der Lebenshilfe Bamberg e.V.

Impressum

Bibliografische Information der Deutschen Nationalbibliothek: Die Deutsche Nationalbibliothek verzeichnet diese Publikation in der Deutschen Nationalbibliografie; detaillierte bibliografische Daten sind im Internet über http://dnb.dnb.de abrufbar.

© 2022 Gerd Groß

Titelbild: Christoph Lilge

Herstellung und Verlag: BoD – Books on Demand, Norderstedt

ISBN: 978-3-755795582

Vorwort

Ich bin kein Ornithologe.

Vögel sind für mich Teil eines Ganzen, zu dem auch ich gehöre, mit dem Anspruch auf unveräußerliche Würde.

Wie nebenbei können Vögel auftauchen in den Texten, vielleicht sogar erst im letzten Satz, als letztes Wort, weil sie zu einem Bild, einer Erinnerung aus meinem Leben gehören. Ohne sie zu erwähnen, wären Bild und Erinnerung aber unvollständig.

Ein andermal scheinen sie, von Kassandra geschickt, in den Fokus zu rücken.

Dann gibt es Texte, in denen die Vögel Träger unbeschwerter Lebensfreude sind als Sänger und als Flugkünstler.

Ich kann sie bewundern ob ihrer bunten Schönheit und Grazie.

Vögel erlebe ich auch als Vermittler zwischen Himmel und Erde mit einem Trostpotential, das nicht zuletzt mit dem Jahreskreislauf und so mit dem Kommen und Gehen der Zugvögel verbunden ist.

Vögel faszinieren, weil sie nicht zu entschlüsseln sind, obwohl wir ihnen täglich begegnen.

Gestaltet man ein Vogelbuch mit alten und neuen Texten und Notizen, die einem Gedanken Freiheit lassen, in Abgrenzung zu den Texten, die schon Form und Ton gefunden haben, liegt der Wunsch nahe, das Buch zu illustrieren.

Ein Zufall (?) führte mich in das „Atelier Lebenskunst" der Lebenshilfe Bamberg e.V. und damit zu freundlichen, aufgeschlossenen Menschen, die meinen Wunsch, Bilder von hier arbeitenden Künstlerinnen und Künstlern ansehen und eventuell zur Ausgestaltung auswählen zu dürfen, unbürokratisch erfüllten.

Doch ich fand kaum Bilder, in denen Vögel dargestellt wurden.
Ratlosigkeit, weil ich andererseits von der Vielfalt, der Farbigkeit, der Ausstrahlung der Bilder überrascht und von manchen in Bann gezogen wurde.

An mehreren Tagen suchte ich das Atelier auf, schaute immer wieder die Bilder an, fasste Zuneigung zu einigen Arbeiten.

Ungebrochene Lebensfreude, Angst, Sehnsucht nach Geborgenheit, Einsamkeit, Schmerz, Zuversicht, Freude, Unsicherheit, Staunen finden sich in diesen

Bildern. Das alles kann sich auch hinter den Texten verbergen.

So wurde auch meine Neugier auf die Künstlerinnen und Künstler größer. Berührungsängste verblassten. Mein Gesichtsfeld wurde weiter.

Ich hoffe, dass Bilder und Texte sich finden, über und unter den Flügeln.

PROLOG: WIND, SCHILF UND VÖGEL

Stausee bei Lippno

Wind und vögel
findlinge alter kinderreime
auf fledermausflügeln kommt
die nacht aus den wäldern
mondhell das wasser
zwischen den bäumen blaugrün
züngelt die schlange

im frühdunst
steht der angler noch neben sirenen
und donner seit langer zeit still
im messerscharfen schilf.

Skizze
(Breetzer Bodden)

Schilf biegt sich schleift
im wind ein möwenschrei
steht hoch in den wolken

Helga Schmitt, Feenwiese

1. Kapitel

Januar – Februar – März

Timur Manopow, Winterlandschaft

Rabenvögel

So fand das krächzen
der raben in meiner seele
wirrnis einen festen platz.

Seit wolfszeiten folgen sie
den menschen auf die schlachtfelder
und hinrichtungsstätten.

Sie fliegen über das haus
wenn es tagt und am abend
wenn die nacht kommt.

Noch nie hat sich ein rabe
auf meine schulter gesetzt
nach seinen botenflügen.

Doch ich trat aus dem haus
als ich sie hörte
an jenem morgen.

Nahm die raben als zeichen
ohne zu glauben
ihr flug sei zu entziffern.

Wenn sie für eine kurze zeit
platz nehmen auf den drähten
die das land überspannen

schaue ich hinauf zu ihnen
und lausche ihrem krächzen
bevor sie sich erheben.

Notizen

1.1.2001

Sah auf – und erschrak.
Über den Winterhimmel flogen zwei Vögel.
Als ob sie Schwalben wären.

3.1.2003

Vom Hauptsmoorwald her Schüsse.
Vermischtes Hundegebell.
Die Ohren bitzelten im Wind, sind keinen Frost mehr
gewöhnt.
Ein Schwarm Rebhühner stiebt auf.
Die verstorbenen Frauenberger, die sich sommers
hier auf das Gras legten, um ins Fränkische zu
blicken, sind mir nah.
Bilder aus unserer vergangenen Welt.

5.1.2012

Heftiger Frühlingswind. Morgenkonzert der Vögel.
Über den Paradehäusern am Kunigundendamm hat
der Wind die leichten Regenwolken zerfetzt.
Sonnen glühen in den Rissen.
Möwen kreisen über dem Kanal.

8.1.2015
Feingesponnen der Regen. Gegen Mittag 4 Plusgrade

Schnee nur noch weit hinten, am dunklen Saum der
Wälder

Mit Blaulicht und Sirenengeheul jagt ein Fahrzeug
über die Autobahn

Krähen schreiten,
schreiten in langen, schwarzen, glänzenden Mänteln
über das leuchtende Grün des Wintergetreides.

Oliver Schug, Kosmos

H.R.

1

Sah ihn auf der Karlsbrücke in Prag, so wie man es von alten Postkarten kennt. Es war nach dem Konzert am späten Abend. Die Laternen waren entzündet. Die schwarzen Knöpfe seiner Gamaschen glänzten, ein weicher Schwung, ein vergangenes Sternbild, eine Verbeugung, der Handkuss auf die schmale Hand der Sängerin, ohne das gepuderte Gesicht der Dame aus den Augen zu lassen.

2

Das Zimmer der Musikschule war schmal, hatte ein Fenster zur Flussseite, das im Sommer angelehnt war. Ein goldener Lorbeerkranz hing an der Wand, dem Klavier gegenüber. Unter dem Kranz Fotografien, der Dirigent verbeugt sich, nimmt Blumen entgegen, der Dirigent geht, weit sind seine Arme ausgebreitet, auf die zierliche Sängerin zu.

3

Krieg? Ach ja, der Krieg.

4

Bat mich in der letzten Stunde vor Weihnachten zu singen: „Des Jahres letzte Stunde", Heinrich Voß, 1794.

Begleitete mich auf dem Klavier, erklärte, dass sich alle erhoben, wenn der verstorbenen Freunde im Lied gedacht wurde. Tränen in den Augen. Sing es noch einmal.

Danach verabschiedete er sich von mir, nahm meine Hand so in die seine, dass der Handrücken waagrecht lag, dann legte er seine linke Hand darüber, verneigte sich, verharrte einen Augenblick in dieser Stellung, bevor er mich entließ.

5
Ein heller Tag. Sah ihn auf der Oberen Brücke. Er im hellgrauen Sommeranzug, weiche Handschuhe in der Linken, auf seinem rechten Arm ihre Hand, zartes Lila, führte sie hinunter zum Fluss, weiße Schwäne füttern.

6
Und man erzählte, die Sängerin sei gestorben, als das Jahr noch gar nicht begonnen hätte. Und er sei im Schneetreiben an ihrem Grab gestanden in einem Mantel aus feinem englischen Tuch. Darunter habe er den Frack mit dem Schwalbenschwanz getragen. Er sei dann nach Hause gegangen.

Fünf Tage später hat ihn die Aufwartefrau gefunden. Es saß in seinem Frack im Sessel, auf dem Tisch standen zwei Weinkelche aus geschliffenem böhmischem Glas, halb gefüllt mit Wein.

Mathias Ulrich, Verschneites Land

Notizen

11.2.2012
Das Wasser am linken Arm der Regnitz
ist an den Rändern gefroren.
Rund zwei Meter auf jeder Seite des Ufers.
Eisschollen treiben in der Mitte des Flusses,
treiben auf die Mühlbrücken zu.
Es dampft der Fluss.

Auf dem Eis an den Ufern sitzen Enten, Blesshühner
zu Hunderten, vereinzelt Schwäne, ab und zu ein
Kormoran. Nie zuvor habe ich hier einen Kormoran
gesehen.

Am Wehr der Mühlbrücken zerhacken zwei Männer
mit schweren Bootshaken das aufgestaute Eis, kra-
chend stürzt es nach unten.

19.2.2014
In der Nacht wurden die Kulissen für die Frühlings-
spiele aufgestellt:

Ein großer, alter Nussbaum, in ihm hängt ein Mond,
kreisrund hinter dem Filigran der Äste und Zweige.
Aus den Lautsprechern bunter Amselgesang, probe-
halber.

Mittig auf einem Ast als Schattenriss vor dem Mond
die Drossel, die Primadonna, sie wird die Arien singen.

20.2.2000
Schneeregen.
Das Licht grau.
Gekrächzte Kommandos vom Krähenschiff her.

24.2.2008
Keine Lampe mehr anmachen beim Frühstücken,
taghell war es und der Mond stand noch über dem
First der alten Holzlege, auf dem ein Starenpärchen
zwitschernd und flüsternd saß, und das Hähnchen
ruderte mit den Flügeln. Sehe zu, lausche meinen
Wünschen, den nicht ausgesprochenen.

28.2.2018
Fand vormittags einen toten Uhu am Waldrand.
Ich suchte ihn gegen Abend noch einmal auf.
Auf dem Weg begegnete mir ein Eisvogel.

Der Uhu lag noch am gleichen Platz.
Ich wollte ihn umdrehen, doch mir schien,
ich sollte ihn in Ruhe lassen.

Barbara Held, Offene Fenster

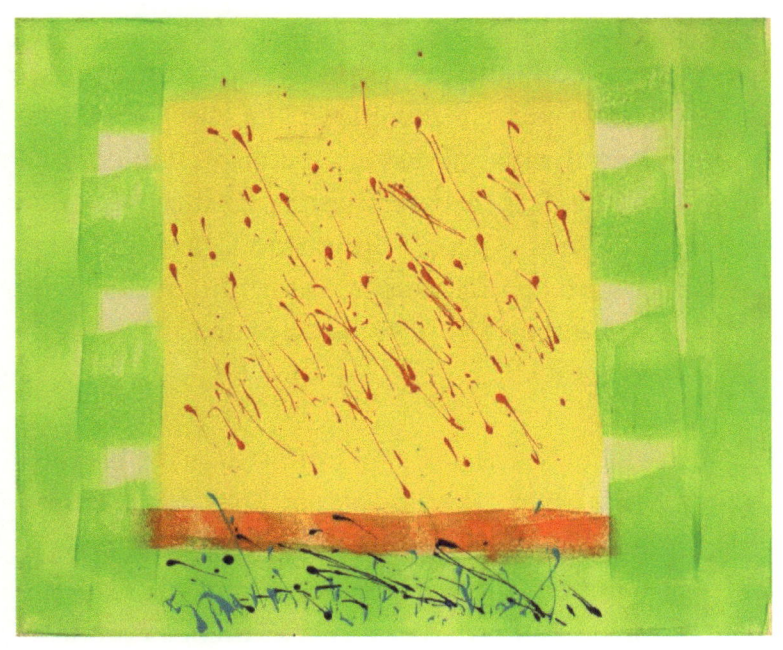

Tante L.

Eine kleine Wohnung, eigentlich ein Zimmer, ein Stübchen unter dem Dach hätten es die Gebrüder Grimm genannt, obwohl sie vergebens mit Papier und Stift in den Händen gesessen hätten, zu ihren Füßen, denn sie hätte nur Augen, Mund und Ohren für den Himmel gehabt, der als kleiner Ausschnitt in den beiden Mansardenfenstern über den Spanngardinen zu sehen war.

Sie saß in einem Sessel auf dem Podest, das ihr Wohnzimmer war, neben dem Podest ein Bett, das war ihr Schlafzimmer, und vor dem Podest eine kleine Anrichte, auf ihr eine transportable, elektrische Kochplatte mit zwei Feldern, das war die Küche. Von hier aus konnte man vorsichtig auf ein Blechdach treten, um Wäsche aufzuhängen, denn das war in der Wohnung verboten.

Sie hätte nicht gewusst, was sie von sich erzählen sollte. So kann nur aufgeschrieben werden, was man von ihr sagte.

Es war einmal eine junge Frau, die war kräftig und stark, deshalb wurde sie Wäscherin. Sie konnte in die heißeste Lauge und in das kälteste Spülwasser fassen, ohne dass es ihr etwas auszumachen schien. Sie hob die schwerste Wäsche von Zuber zu Zuber, ohne sich darum zu kümmern, ob dabei ihre Kleider nass wurden oder nicht, denn diese Arbeit war besser als keine Arbeit.

Die junge Frau heiratete, bekam Kinder, verwitwete, arbeitete weiter in der Waschküche, zog die Kinder auf. Und weil sie jetzt keinen Mann mehr hatte, kümmerte sie sich auch um die Kinder ihrer Schwester, denn auch diese wurde in jungen Jahren Witwe. Die Kinder waren gerne bei ihr, sie war zurückhaltend und machte ihnen keine Angst. Die Kinder der Schwester nannten sie Annermama.

An den Samstagnachmittagen ging sie in den Wald, sammelte Holz für die kalten Wintertage und Kräuter, aus denen sie treffliche Salben und Tees zuzubereiten wusste.

Wegen des vielen Stehens und der Nässe in der Waschküche platzte die Haut an ihren Beinen auf und wollte und wollte sich nicht wieder schließen. Deshalb versteckte sie die Beine in grauen und braunen Wollstrümpfen und erlaubte niemandem, diese Strümpfe für sie zu waschen, denn das schien ihr eine garstige Arbeit, die sie von niemandem verlangen wollte.

Die Kinder wurden groß, gingen ihre Wege, so wie das sein musste. Ab und zu wurde sie noch von ihnen gerufen, wenn die Kindeskinder krank waren – und sie brachte ihre Tees und Salben mit, sprach mit den Kranken, murmelte Geheimnisvolles, wenn sie getränkte Tücher auf entzündete Wunden legte, die nicht so leicht heilen – und die Kranken wurden zuversichtlich.

Die meiste Zeit aber durfte sie jetzt in ihrem Sessel sitzen und stille Zwiesprache mit den Wolken, den Sternen und dem Mond halten. Auch flog ab und zu ein Vogel vorbei.

Als sie starb, rief Gott sie zu sich in den Himmel, und sie betrat ihn erst, als sie sich vergewissert hatte, dass niemand mehr hinter ihr war, dem sie den Vortritt hätte lassen können.

Vorfrühling

Perle neben perle schimmert
hell im blaugrünschwarz des gefieders
steif sitzt der star auf dem schneezweig
kalter wind fährt in sein frühlingskleid
klimpert mit den perlen.

Notizen

1.3.2018
Ein Streifen Morgenrot auf dem Stammberg über
dem Wald.
Im frostblauen Himmel Krähen – ruhig ist ihr Flug.
Eigentümliche Zusammengehörigkeitsgefühle.

Später ließ sich ein Milan vom Wind in großen Krei-
sen hinauftragen ins Sonnenlicht – weit waren seine
Schwingen ausgebreitet.

Und im Wald schlug der Wind trockenes Holz von
den Bäumen, es klimperte von Ast zu Ast, fiel dumpf
ins welke, feuchte Laub.

Schräg gestellte Wolken, grauweiß, gezackt wie Ur-
gestein, hat der Wind zusammengedrückt, er schiebt
und schiebt, um Platz zu schaffen für den nächsten
großen Regen.
Für einen Moment ein blauer Himmel –
und schon steigt eine Lerche auf.

23.3.2018
Er steht neben seinem alten, roten Passat,
schaut den Kormoranen nach, die keilförmig über
ihm fliegen.

Er öffnet die Autotür, steigt ein,
legt seinen Kopf auf das Lenkrad.

Etwas über die Amseln

Dachte
es wäre leicht

einfach

das federkleid
braun oder schwarz
abgetragene sonntagsanzüge
eines bauern eines pfarrers
fadenscheinige soutane
essenflecke auf der brust

dann dieses
unergründliche kleinod
aus vielfach aufgetragenem lack
von fremden meistern

ein rundes glänzendes
schwarzes auge
in einem dünnen reif
aus kleinsten perlen

das erlaubt keinen spott

ein hochhinaus ist sie nicht
in schulterhöhe das nest
im efeu oder im weinlaub

meist sesshaft
immer bodenständig

folgt sie dem gärtner
auf dem fuß

stetes hungrigsein
auch der jungvögel
im nahen gebüsch
die katze nicht weit

ja, ich dachte
es wäre leicht

einfach

wenn die tage länger
die nächte kürzer werden
die schnäbel der hähnchen
sich färben vom fahlen gelb
zum leuchtenden orange

die balz- und revierkämpfe
in kniehöhe ausgetragen

erlahmen

fliegt sie hinauf
zum dachfirst

am frühen morgen
am abend und
wenn ein regen
kommt singt
Turdulus merula
ihr laudes
oben auf dem dach

mit ihrem lied
wach ich auf
steh ich auf

beginne den tag
ohne weitere nachrichten.

Lerche
(für Reiner)

Eine lerche flog auf
aus dem gras vor mir
aus engen kreisen stieg
sie auf im takt der sonne
glänzte ihr gefieder

als ich sie aus den augen
verlor schwebten luftleicht
tongirlanden nieder
und ein helles blau.

43

Oliver Schug, Farbenspiel I

2. KAPITEL

ZUR GESCHICHTE MEINER ZUNEIGUNG ZU SCHWALBEN UND MAUERSEGLERN

Sven Steingräber, Inferno

47

Kunigundenruhstraße

Das sind 232 schritte immer wieder zu gehen müde
nicken die schweren pferde vor den leeren wagen
am abend die sofakissen in den weit geöffneten fenstern
das bier schwappt im krug mit dem grünen henkel
der neue buckeltaunus steht vor dem haus nebenan
das helle lachen der schwalben die durch die straße jagen
das sind blitzende erinnerungen wie sterne so hoch
wirft werner den ball über die dächer der häuser über
die kleine mansardenwohnung in der franzi wohnt
das sind die niedrigen gärtnerhäuser mit den großen
                                                    toren
hinter traktor und ochs eilig geschlossen
die augen wenn frau und kinder verprügelt werden
der buisbuis schnauft nasskalt aus den kellerlöchern
das sind schwarze und weiße GIs vorm Scharfen Eck
glänzend lackierte holzknüppel hat die MP in der hand
das ist teer aus den fugen des kopfsteinpflasters
gekratzt an heißen sommertagen zu kugeln
geformt in die hosentasche gesteckt so schwarz
wie die salbe aufgetragen auf das gelbe eiter
unter der empfindlichen haut der brust das ist
die alte dame sie holt hefte tinte und stifte wohlgeordnet
aus regalen und tischen mit glasplatten das ist das klirren
der ketten knecht rupprechts am 6. dezember das kleine
                                                    kreuz
gegenüber ein gelobtseijesuschristus ist zu murmeln
beim vorübergehen an den guten die zu grüßen sind

an den bösen die man nicht grüßen darf
das ist die madonna in weißes leinen eingeschlagen
von haus zu haus getragen bei der herbergssuche
die füße stehen auf mond und schlange
das ist das pfeifen der lokomotive vom nahen bahnhof

Barbara Held, Offene Fenster IV

Nach heißen Sommertagen

An manchen Abenden nach heißen Sommertagen wurden die Fenster zur Straßen- und zur Hofseite hin weit geöffnet.
Luft sollte in die Zimmer, durch die Räume der Wohnung ziehen, für Abkühlung sorgen und einen ruhigeren Schlaf.

Immer wieder passierte es, dass die Türen einem beim Öffnen oder Schließen von einem Windstoß aus der Hand gerissen wurden.

Ein Peitschenknall, wenn sie zuschlugen!
Ein Knall, dass die Gespenster aufgeschreckt davonstieben mussten. Selbst die im Keller wurden unruhig.

Alles bewegte der Wind, machte die Wohnung weit.
Es war, also ob es in den Räumen nur noch den Wind gäbe, keine Möbel und keine Wände mehr.
Nur die Türstöcke durften bleiben und die Türen, damit sie einem aus der Hand gerissen werden konnten.

Die aufgeblähten Vorhänge, ein aufgetakeltes Schiff in voller Fahrt, ein Meer, ohne je eines gesehen zu haben.
In eines der beiden zur Straßenseite hin gelegenen Fenster des Wohnzimmers, das zugleich das Büro des Vaters war, wurde ein Sofakissen auf das Fensterbrett

gelegt, damit man bequem auf die verschränkten Unterarme gelehnt, hinaus auf die Straße schauen konnte.

Es war gut, dass sich meine Mutter gern in diesem Fenster des Wohnzimmers breit machte, und ich mich neben sie in die Fensterhöhlung zwängen konnte und dabei ihren weichen Arm berührte, ohne dass dies meinem Wunsch nach Zärtlichkeit geschuldet schien, sondern durch die Abmessungen des Fensters erzwungen war.

Wir konnten das Geschehen auf der Straße beobachten, kommentieren, wenn jetzt der schöne Erwin mit seiner Mutter vorbei ging, und wir über seine blank polierten Schuhe verlegen spöttelten, bei denen sogar die Absätze glänzten, während wir im Sommer staubige Sandalen trugen oder gern barfuß gingen, sieht man von den Kirchgängen einmal ab.

Es konnte aber auch sein, dass das Vorbeigehen der beiden von meiner Mutter zum Anlass genommen wurde, mit einem Aufseufzen zu sagen, wie schön es doch wäre, auch eine Kriegswitwe zu sein mit nur einem Kind.

Beständig blieb dagegen das Flügelleichte der Mauersegler und der Schwalben an diesen Sommerabenden.

Ihre Schreie und Pfiffe, ihre Flugbilder nahm ich mit in den Schlaf. Sie gingen auch nicht verloren nach dem Sommer, waren abrufbar selbst im Winter. Bis heute weiß ich mich durch diese Vögel beschenkt.

Die Schwalben erschienen wie Lehrlinge im Vergleich zu den Mauerseglern, die scheinbar ohne mit den Flügeln schlagen zu müssen, durch die Straße jagten, mal in Firsthöhe der Häuser, mal mittig im rot eingefärbten Abendhimmel, nebeneinander, untereinander, mal eng oben an den Hausmauern entlang, weil es unter den Dachrinnen die meisten Insekten gibt, mal am Fenster vorbei, so, dass ich die Luft spürte, die sie vor sich herschoben und sie trug, und dazu das Aufundabschwellen ihrer Jagdrufe, die mal höhnisch, mal wie ein Lachen klangen, um dann wieder in ein ausgelassenes Kreischen überzugehen, wenn sie sich kopfüber in die Tiefe fallen ließen und sich an ihren Lustschreien nach oben zogen.

Die Schwalben waren dagegen kaum zu hören, ihr Flug hatte etwas Flattriges. Immer wieder mussten sie durch ein Flügelschlagen Fahrt aufnehmen, während die Mauersegler sich scheinbar im frühen Sonnenlicht in den Himmel hinaufschraubten, um sich dann aus ihm zu stürzen, um mit diesem Schwung den ganzen Tag fliegen zu können, bis sie schließlich mit dem letzten Licht des Tages in die Spalten der Krone der hohen Mauer des Kohlenpabstes auf der Hofseite glitten, in denen sie nisteten.

Nur knappe vier Monate bleiben die Mauersegler, die Schwalben bis Mariä Geburt.

Einübungen in Melancholie.

Stefanie Frank, Verbindungen

Mauersegler (Albus Albus)

Jäh
öffnet sich eine unendliche weite
über ihren flügeln

sie fliegen mit halb geschlossenen augen

und unter ihren flügeln
fällt eine taube stille auf die erde
sie folgt dem flug wie ein schatten.

Drei vier minuten lang stand ich bewegungslos
im schatten meiner angst.

Gestern sah ich sie noch fliegen
um den turm in dem sie nisteten

sah sie spielen sich jagen durch die straßen
über und unter der firsthöhe der häuser

hörte sie johlen spotten und lachen im auf und ab
ihrer pfiffe mal laut mal leise hörte ihr tirilieren sah
sie hoch steigen bis über die wolken dort zogen sie
eine linie eine grenze mit ihren flügeln

damit der himmel fassbar bleiben kann.

Helga Schmitt, Wind und Wellen

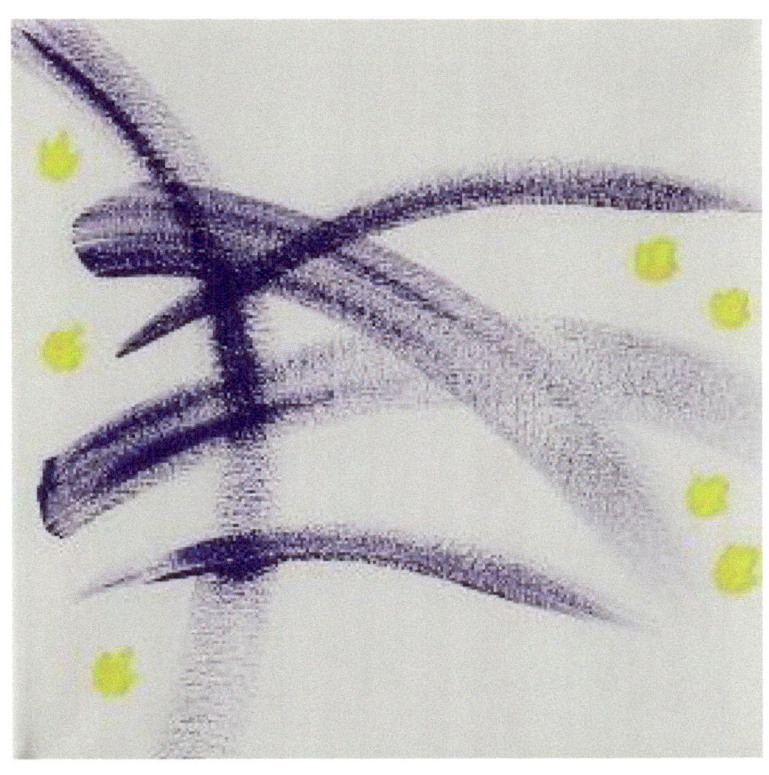

3. Kapitel

April – Mai – Juni

Philipe Eulig, Frühling

Notizen

11.4.2016
Die Schwalben sind da.
So, als ob nichts gewesen wäre.
Außer, dass ein Jahr vergangen ist.

16.4.2015
Messingfarbene Blitze von den Weihern her,
die Fanfarenstöße der Blesshühner,
fahren durch das Morgenkonzert der Frösche,
die Dohlen schnalzen mit der Zunge,
der Schwan brütet
auf einer schwimmenden Insel,
Veilchensträuße blühen an der Schlossmauer.

24.4.2009
Wie kleinlaut die Elstern wurden,
als die beiden Bussarde kreisten
über ihrem Nest,
sie hüpften nach unten
von Ast zu Ast,
sie wurden unscheinbar.

27.4.2009
Schwarz, weiß eine Elster
schreitet über das Dach
der alten Holzlege schreitet
über ziegelrote Dachpfannen

schreitet hinauf zum Giebel
durchquert einen Sonnenstrahl
smaragdgrün leuchten auf
die Ränder ihrer Flügeldecken.

Brigitte Dittrich, Kleine Ente im Wasser

Reichsdeputationshauptschluss

Auf der ballustrade
des südlichsten der vier ecktürme
des fürstbischöflichen schlosses
bemühen sich mit schreit- und neigetanz
um die anwesenden damen die tauber
wobei ihre aufgeblasenen kehlsäcke kardinalrot
in der frühlingssonne leuchten.

Die dohlen, die sich seit 1803
als die rechtmäßigen herren der vier ecktürme fühlen
ziehen ihre grauen schiebermützen über die stirn
verspotten und verhöhnen die tauber angesichts
deren galanten verbeugungen und kratzfüße.

Frank Licht, Gewitterfront

Mittelmeer

I

Dem regen lauschen
wie einem märchen

das jeden moment
versanden könnte

im staubtrockenen
märz erste waldbrände

am 7. april melden
agenturen den tod

vieler zugvögel schwalben
und mauersegler vor allem

prallten auf eine kaltfront
auf ihrem weg nach europa

wurden zurückgeworfen
in das meer oder stürzten

entkräftet auf die straßen
an den küsten griechenlands

II

Vom meer träumen
einer blauen berührung
von himmel und meer
an der horzontlinie

unmöglich
angesichts der flüchtlinge

frauen männer kinder
geschlichtet in schlauchboote
schulter an schulter
knie an knie

wie verrichtet man seine notdurft
wie sitzt man im erbrochenen

hinaus gestoßen auf das meer

manche ohne schwimmwesten
alle ohne erfahrung

das leben riskieren
die einzige möglichkeit
den traum zu wahren

die hoffnung auf ein anderes leben
näher an der horizontlinie
selbst wenn sie ertrinken sollten

was in der todesangst
passiert steht noch aus

die kinder träumen

von einer arche so groß
wie ein haus für alle

III

Im fiebertraum
irren kreuzfahrtschiffe
mit covid-19 infizierten
durch die ägäis 14 tage
quarantänezeit

kapitäne berechnen
strömungen berücksichtigen
windverhältnisse köche
bereiten augen und gaumen
freuden die animateure lächeln
selbst im schlaf kein flüchtling
darf die illusionen stören
der traumreisenden

IV

Der regen ist nur noch
ein flüstern vor dem fenster
fünf mauersegler
fliegen schwer und müde
unter den wolken
sind schon in rufweite
zum turm in dem sie nisten
dem kirchenasyl

Frank Licht, Meer

V

Das bild: Aylan Kurdi

Er liegt am saum des meeres
als ob er schliefe
den wellen lauschte
in denen er ertrank

das bild zeigt
seinen rücken
seinen hinterkopf
seinen rechten arm
nah am körper
die kleine hand
ist geöffnet
man könnte eine
münze in sie legen
oder den eigenen finger
oder seine hand
mit der eigenen umschließen

das rote shirt
die blaue hose
die dunklen schuhe
das nasse haar

das bild zeigt nicht sein gesicht

dem anderen ins gesicht sehen
auch im spiegel

Melanie Günther, Die Wiese

Notizen

6.5.2006

Dann war nur noch das Starenmännchen da. Nach Tagen begann er, die tote Brut aus dem Nest zu räumen. Dann besserte er das Nest aus. Jetzt sitzt er auf der alten Holzlege, knackt mit der Kehle, pfeift einen langen abfallenden Ton, schaut in alle Himmelsrichtungen.

10.5.2006

Der Star hat eine Partnerin gefunden. Streng ist sie. Hat das Haus inspiziert. Veränderungen werden vorgenommen. Jetzt scheint sie zufrieden. Sie sitzt in der Eibe, er auf dem Dachfirst, rudert mit den Flügeln.

15.2.2002

Federlose Hühner versucht man in Israel zu züchten. Begründung: weniger Fett, kein Rupfen, schnelleres Wachstum.

23.5.2013

Hinter dem gewölbten Wappenschild der Fürstbischöfe von Bamberg, am östlichen Torhaus des Schlosses Seehof haben Spatzen ihre Reihenhäuser gebaut, geschützt durch Krummstab und Schwert. Was soll ihnen da noch passieren?

24.5.2011

Das Meer nicht zu sehen, nur laut zu hören hinter dem Deich. Über der Deichkante steht eine Möwe bewegungslos im anlandenden Wind. Sie steht dem Meer zugewandt mit weit ausgebreiteten Flügeln. Über ihr eine weiße Wolke.

29.5.2011

Blühendes Dickicht auf dem Deich. Gelber Ginster, Heckenrosen vom hellen Rot bis zum dunklen Rotblau, hellblaues Traubengebilde in der Krone eines geduckten Bäumchens, dessen Stamm dem einer Weichsel ähnelt, schmarotzendes Orchideenähnliches aus irgendwelchen Gärten, und in all dem ein Gezwitscher und Geraschel, Girlan, Goldammer und ein rotbrüstiges Vögelchen.

Schwalben

Im morgenlicht der schwalben
reigen scharz und weiß
girlanden flatternder flügel
auf dach und wand das seufzen
der schweren leiber der kühe
im heu es rasseln die ketten
durchs fenster fliegen
die schwalben ein und aus

Schloss Seehof – 26.5./ 6 Uhr

Bei Zwielicht wäre anderes zu erzählen.

Jetzt ist der Stein ein Stein, der behauene Stein, selbst wenn Hände aus ihm greifen, ist Zierrat.

Der Schotterweg entlang der Mauer ist hell und menschenleer.

Ein Schlagloch, eine Vertiefung im Schotter, vom Regen ausgewaschen, ist eine Schale.

In ihr liegt kastanienrotes Frauenhaar.

Am Ende des Schotterweges, am unscheinbarsten der Weiher, von der Straße nach Bamberg getrennt durch eine Akazienwand, in der Vögel wohnen, stehen drei Eichen mit gelben Wasserlilien in den Wurzelarmen.

Das lange, kastanienrote Frauenhaar wurde knapp über der Kopfhaut abgeschnitten.

Im Lustgarten, der von der barocken Steinmauer begrenzt wird, dringen Schatten durch das Laub der gestutzten Linden. Die bleichen Skulpturen sind sprachlos ohne Souffleuse.

Auf dem schönen, kastanienroten Frauenhaar liegt kein Tau.

Die Vögel sollten rote Nester in die Akazienwand bauen und in die drei Eichen, die in ihren Armen die Wasserlilien halten.

Ohne Titel

Bei angehaltenem atem
leiser flügelschlag
schwarzer tauben
sie fallen ein
auch in die gärten

Peter Renner, Großer Wasserfall

Kuckuck

Als der krieg aus

und das soldatenleben vorbei
wurde der vater ein kuckuck

der ließ die kinder von fremden ausbrüten
als er rief konnten sie ihn nicht finden

der kuckuck rief immer wieder
zu gut hatte er sich versteckt

Autobahn

Reißbrettentwurf
der scharfe schnitt
durch wiesen und wälder

lärm wuchert
an den wundrändern vögel
singen hin und her

Notizen

1.6.2000
Ohne Rinde, ohne Blätter, kalkweiß,
der alte Baum, fünf Graureiher sitzen
auf der ausgedienten Prothese.

7.6.2006
Am frühen Morgen liefen wir quer durch den Wald
in dem noch Nachtfetzen hingen
hinüber zur Morgensonne.
Hier traten wir auf ein gleißendes Feld.
Lerchen stiegen auf.
An den Waldrändern lagerten noch Nebel
in denen wir kurz darauf verschwanden.

1.6.2017
Zwischen Umgehungsstraße und Autobahn,
keinen Steinwurf vor der Lärmschutzwand,
hat eine Nachtigall ihre Instrumente ausgepackt.
Nun gibt sie ein politisches Konzert,
einnehmend wie die Lieder von Joan Baez.

9.6.2010
Dort, am brüchigen Steilufer,
wo die würfelförmigen Betonbunker
ins Meer stürzten, nisten jetzt Uferschwalben.

13.6.2010
„8 bis 9 Windstärke"
schätzt die Waffelverkäuferin,
schaut der Möwe nach,
die sich hoch hinauftragen lässt,
am Meeressaum entlang segelt,
„ja, 8 bis 9"

21.6.2006
Vieruhrdreißig.
Die Amseln geben den Ton an.
Eine von ihnen singt in kurzen Abständen
immer wieder die erste Phrase
aus einem alten Schlager:
Hammse nicht, hammse nicht,
hammse nicht ne Frau für mich.

Sommersonnenwende

Täglich gehe ich mit Nickel, dem schwarzen Mischlingshund, wenn möglich in der Morgendämmerung, durch das kleine Dorf D., unterquere hinter dem Dorf die Autobahn, komme auf den Radweg nach M., biege dann nach links ab auf eine betonierte Flurbereinigungsstraße, die, nach ein paar Schritten, wie mit einem Lineal gezogen, stetig ansteigt, bis sie vor einer weiteren Flurbereinigungsstraße im rechten Winkel gekreuzt wird.

Am Beginn der Flurbereinigungsstraße, also unmittelbar, nachdem wir nach links abgebogen sind, steht eine Baumgruppe aus siebzehn hohen Erlen, in deren dunklem Geäst sich oft eine Elster beschäftigt, meistens ohne uns zu beachten. Nur manchmal fliegt sie keckernd auf und zeigt uns das weiße U auf dem Rücken ihres Flügelmantels, der in einen prächtigen Federschwanz mündet und sich erst im Flug in seiner ganzen Schönheit zeigen kann.

Nach der Erlengruppe beginnt die leichte Steigung, die so bequem zu gehen ist, dass keine Anstrengung das Schauen erschwert. Links und rechts neben der Flurbereinigungsstraße breiten sich Felder, deren große Flächen nicht gesäumt sind durch Bäume oder Büsche. Lediglich eine Hochspannungsleitung, deren

Drähte eigentümlich knistern bei feuchtkaltem Wetter, begleitet rechter Hand die Straße aus Beton.

Wenn nicht gerade eine Lerche aufsteigt, beständig trillernd, um schließlich wieder auf die Erde zu fallen, macht sich das Auge an einer alten Feldscheune fest, die oben auf dem höchsten Punkt der Steigung steht, genau im unteren 90-Grad-Winkel, der durch die beiden sich kreuzenden Flurbereinigungsstraßen gebildet wird.

Hinter der Scheune neigt sich das Gelände so flach, wie es angestiegen ist. Auch hier liegen große Feldflächen, die sich am Horizont verlieren, der von einem Wald begrenzt wird. Links und rechts von der Feldscheune bleibt die Straße einige Meter eben, bis sie abfällt, nach Westen dem Ort M., nach Osten dem Dorf D. zu.

Durch die täglichen Spaziergänge kennt man die Wege, die Ausblicke, die Flächen, so dass jede Veränderung eine störende Unruhe mit sich bringt. Ist die Veränderung aber registriert, kann sie zum gewohnten Anblick werden, die Unruhe verliert sich, auch wenn man sich später noch vage an die Veränderung erinnern kann.

Eines Tages lagen, wenige Schritte von der Feldscheune entfernt, Reisig und Holz zu einem großen

Haufen aufgetürmt. Zunächst erzeugte dieser neue Anblick eine leise Beklemmung, und ich fragte mich, woher diese Reiser und Holzscheite wohl kämen, denn weit und breit wachsen keine Bäume und Sträucher, sieht man von der Erlengruppe am Fuß des Hanges ab, aber Erlenholz lag nicht auf diesem Haufen.

Ich gewöhnte mich an den Anblick, freute mich sogar, wenn kleine Singvögel auf den Zweigen, die zunehmend verdorrten, hin und her hüpften und aufflogen, wenn Nickel und ich an ihnen vorbeigingen.

Im späten Herbst dachte ich, dass der Haufen einem Igel als Winterquartier dienen kann, wenn er sich aus den verwelkten Blättern eine warme Höhle baut unter den schützenden Zweigen und Ästen.

Im Winter sah ich im Schnee Reifenspuren, die zur Feldscheune führten. Das Fahrzeug musste in der Nacht gekommen sein, denn ich ging in der Morgendämmerung unseren gewohnten Weg, und es setzte wieder Schneefall ein, der aber noch nicht ausreichte, um die Reifenspuren mit den weißen Flocken zu füllen und so unkenntlich zu machen. Auch sahen wir die Spuren von schweren Stiefeln, die zur Scheune führten, an deren doppelflügeligem Tor jetzt eine starke Stahlkette mit großen glänzenden Gliedern angebracht war, die mit einem neuen Schloss zusammengehalten wurde.

In der zweiten Märzhälfte bemerkte ich, als ich von der Erlengruppe aus, den Hang hoch zur Feldscheune hinaufblickte, zwischen dem Gebäude und dem Reisighaufen ein Gebilde, das aussah wie ein menschlicher Torso. Ohne Hals, Kopf oder Beine stand dort ein starker Oberköper, von dem die beiden Arme in einem Winkel von 45 Grad auf die Erde gerichtet waren und diese wohl berührten.

Ich ging langsam an der Erlengruppe vorbei, die ich bei mir Erlkönigs Park nannte, schmunzelte ob meiner Phantasie und meinte nun, in dem Gebilde ein abgestelltes landwirtschaftliches Gerät sehen zu müssen, wenngleich ich dem Ding keinen Namen zu geben wusste, da seine Funktion für mich im Dunklen blieb.

Ich kam zum Wegekreuz, zur Feldscheune, schlug meinen Weg nach Osten ein, sah, dass das seltsame Gebilde der untere Teil eines Erlenstammes war, der, plan abgesägt, als Hackstock dienen konnte. Die Arme entpuppten sich als zwei kräftige Wurzeln, die dem Stamm zusätzliche Stabilität verliehen, weil die Wurzeln in die Erde gedrückt waren, die dann noch festgetreten wurde. Ich glaubte auf der Erde die gleichen Stiefelspuren wie im Schnee vor der Feldscheune zu erkennen, war mir aber nicht ganz sicher.

Auch heute war es kalt. Leicht hatte es in der Nacht gefroren, so dass sich eine dünne Eisschicht auf den

Pfützen bilden konnte. Eine Dunstdecke lag über der Senke, in der sich die Häuser des Dorfes D. drängten, die, so schien es, vom weißen Rauch, der heiter aus den Schloten aufstieg, angehoben wurde. Ich zitierte wieder Brechts Gedicht über den Rauch, der sich nach dem Himmel streckt, erfreute mich wie immer an der Schönheit seiner Worte, wenn ich bei kaltem Wetter auf das Dorf sah, obwohl ich die kleinen Häuser in D. kenne, die schmalen Fenster, hinter denen sich die Vorhänge bewegen, wenn ich mit Nickel vorbei gehe, die schmutzigen und dunklen Fassaden und Mauern, die nichts Einladendes haben und enge, gepflasterte Höfe umschließen, die sorgfältig gekehrt sind.

Immer leichter fielen die Spaziergänge, je weiter das Frühjahr voranschritt. Dünnes Laub konnte man schon an den Erlenzweigen sehen, und längst waren die Veränderungen oben an der Feldscheune nicht mehr als Veränderungen zu erkennen, sondern gewohnter Bestandteil der allmorgendlichen Gedanken.

Das Metall der Kette dunkelte, verlor seinen blanken Glanz, der Hackstock schien von weitem immer noch ein menschlicher Torso zu sein, obwohl er nur der untere Teil eines Erlenstammes war.
Der Reisighaufen, der einem Igel als Winterhöhle dient, regte nicht mehr zu Fragen an. Es existierte also nichts Geheimnisvolles mehr, das einen ängstigen könnte.

Der Morgen des 24. Juni war klar und hell, die Sonne schien so warm, als ob es keine Nacht gegeben hätte. Ich ging an den kleinen Häusern des Dorfes D. vorbei, unterquerte die Autobahn, trat in den Schatten der Erlen, der kühl war wie die Luft in einem Kellergewölbe, nur nicht so dumpf, schritt langsam die Steigung hinauf, auf die Feldscheune zu, sah, dass Schloss und Kette von der doppelflügeligen Tür entfernt und die beiden Flügel einen Spalt weit geöffnet waren. Die plane Fläche des Hackstocks schien frisch gereinigt und der Reisighaufen neu aufgeschichtet. Wir blieben neben dem Hackstock stehen, sahen auf das Dorf, die Häuser mit den roten Dächern, über die jetzt Schwalben jagten.

Ein leises Stöhnen ließ mich zur Seite blicken, ich sah ein blitzendes Messer, das in die Kehle Nickels fuhr, spürte, wie meine Arme nach hinten gerissen wurden, spürte, wie eine Kette sich um sie legte. Ein Sack wurde mir über den Kopf gestülpt, gleichzeitig wurde ich nach hinten und unten gezogen, ich fiel, schlug mit dem Hinterkopf auf den Boden, wodurch der Sack etwas nach oben glitt, so dass ich schwere Stiefel sehen konnte. Es erübrigt sich zu sagen, dass ich mir sicher war, dass die Spuren im Schnee und auf der Erde von diesen Stiefeln stammten, aber ich empfand nun einmal eine gewisse Genugtuung und war erleichtert ob dieses Erkennens, wurde hochgehoben und auf den Hackstock gelegt, dann wurde mein Kopf vom Rumpf mit einem einzigen Schlag getrennt.

Am Abend wurde der Reisighaufen angezündet, und man konnte das Lodern der Flammen gut von D. und von M. aus sehen, und noch am nächsten Morgen glomm der Hackstock, und es stiebten Funken hoch, als die Wurzelarme verkohlt vom Stamm abbrachen und in die weiche, warme Asche fielen.

4. Kapitel

Juli – August – September

Notizen

6.7.2018
Durch jedes in Deutschland zugelassene Auto wer-
den statistisch 11 ½ Vögel getötet.
Das sind pro Jahr 100 000 000 Vögel.

8.7.2013
Wir hörten den schweren Flügelschlag
im Gleichmaß unserer Schritte lange
bevor der Schwan über uns hinwegflog.

13.7.2013
Schon früh jagten die Mauersegler
um den Turm, sie johlten, riefen sich.

Vor dieser puren Lebensfreude ging
selbst die Kirche auf die Knie.

Philippe Eulig, Frohsinn

Nach Meersburg

Er fuhr mit dem Schiff nach Meersburg zurück, die Droste besuchen, die auch hier zarte Bilder schnitt, um ihrem geliebten Schücking mit Papier und Schere nahe zu sein.

Er wollte allein sein. So ging er zum Heck des Schiffes, setzte sich auf einen blauen Stuhl neben dem Zugang zum Maschinenraum. Hier dröhnte und vibrierte der Dieselmotor, der warme Ölgeruch wurde vom Wind hinweggetragen über die gischtigen Heckwellen, über denen sich die Möwen immer wieder sammelten, um erneut neben dem Schiff herzufliegen, Aug in Aug mit ihm. All das gefiel ihm.

Auch als die junge Frau kam und sich vor ihm an die Reling lehnte. Schwarze Plateauschuhe, weißer, kurzer Wickelrock, dessen Überschlag im Wind auf und zu wippte, kurze schwarze Bluse, die einen schmalen Hautstreifen frei ließ, Sonnenbrille, das blonde Haar war zurückgekämmt und ein schwarzes Band hielt den Haarknoten.

Sie ließ ihm Zeit, sich ihr Bild einzuprägen.

Dann drehte sie sich um, lächelte ihn an, holte sich einen blauen Stuhl, stellte ihn neben den seinen, schlug die Beine so übereinander, dass er sie noch lieber betrachtete.

Sie lächelte und schaute aufs Wasser, und er wünschte sich jünger zu sein.

Eine Familie kam, blond die Frau, mit langem, locki-
gem Haar, dunkel der Sohn und der Ehemann, und
lehnten sich vor ihm an die Reling. Der Mann beschäf-
tigte sich mit seinem Fotoapparat, gedankenlos sah
der Sohn auf das Wasser, während die Frau den Wind
genoss und sich ab und zu wie zufällig nach ihnen
umdrehte.
Die beiden betrachteten sich weiterhin, ohne die Son-
nenbrillen abzunehmen. Sie ließ ihre Hände ruhig von
ihrem Schoß gleiten, wenn er von ihrem Gesicht, ihren
Beinen träumte, und lächelte während der zarten Be-
rührungen mit den Augen.
Das Schiff näherte sich Meersburg. Vater und Sohn
strebten dem Ausgang zu. Die junge Frau stand auf
und ging. Die Mutter lächelte beim Weggehen Schü-
cking mit den Augen der Tochter zu.

Langenargen, 18.August in der Frühe

Steht lindgrün die bank im dunstgrau
sitzt auf der lehne bewegungslos der krähenkönig.

Vor ihm staken die schwarzen untertanen
krächzen von schlafbäumen und futterplätzen.

Bewegungslos sitzt der krähenkönig
zeitlos scheinen wasser und himmel.

Aus dem dunstgrau steigt der see jadegrün
touristen mit gelben krawatten huschen zum bus.

Der krähenkönig erhebt sich mit schweren flügeln
zu den futterplätzen folgt er den untertanen.

Schloss Seehof 5.8./4 Uhr 35

Vor dem morgen schon
wurden die lärmruten ausgelegt
und die gelben feuer
unter den weihern entzündet

im fischsuppendampf
kreisen drei reiher
wie die wolken
sich zusammenziehn

Notizen

5.8.2005

Als ob der Sommer mit den Mauerseglern schon
verschwunden wäre – kühle Nächte –
Sonnentage nicht über 20 Grad und eine Stille – die
in den Spinnennetzen glänzt.

5.8.2018

Vogelstimmen, vornehmlich die der Amseln,
stellen eine Verbindung nach draußen her,
egal, wo du gefangen bist, stellt Messiaen fest.

Ich denke, sie machen eher bewusst,
dass in deine Zelle kein Sonnenstrahl kommt.
Grau bewegen sich nur die Spinnweben,
sie hängen von der Decke, bewegen sich,
wenn du ein und ausatmest,
deshalb lässt du sie hängen,
beobachtest, dass du noch lebst.

5..8.2014

Niemand zuhause.
Ungewöhnlich still ist es im Wald.
Weit weg klopft ein Specht.
Groß und ernst stehen die Bäume.

6.8.2014
Die Mauersegler sind schon weg.
Nur ein Zitat waren sie in diesem Jahr.
Ohne Zusammenhang.

9.8.2010
Steht doch der Storch am Morgen
auf dem Pilz der Sirene auf dem Dach
der alten Volksschule. Er denkt nach.
Über die Maße, die Besitzverhältnisse.
Ich würde hier nicht nisten wollen.

9.8 2014
Rosa und grau
türmt sich Gewölk im Osten
weiße Gewitterspitzen leuchten
auf an den Rändern
in den Pappeln fängt sich der Wind
die Weiden verneigen sich
ein Vogelschwarm rauscht über
das abgeerntete Feld

11.8.2005
Vogelfamilientag im Garten
und rund um das Haus Schwalben
üben das Fliegen besonderen Spaß
macht es ihnen in den schmalen Spalt
zwischen Dach und Nest zu fliegen
mit hoher Geschwindigkeit
die Stieglitzdame zeigt den Jungvögeln
wo im Winter Futter zu finden ist

20.8.2010
In Thüringen gibt es Proteste gegen
ein geplantes Schlachthaus für Hühner.
27 000 Hühner pro Stunde
können hier geschlachtet werden.

Dennis Walter, Herbstwald

An Pizamar

Nimm hier platz, belbuk,
unterm dunkelkühlen kastaniendach.

Schau über die goldgelben stoppeln
des gestern abgeernteten getreidefeldes,
das hin zur kopfweidenallee abfällt,
hinter der sich das meer dunstblau
dehnt bis zum horizont.

Hörst jeden schritt als zerbrechendes eis.
Lautlos gleitet nur der bussard übers feld.

Helga Schmitt, Wind und Wellen

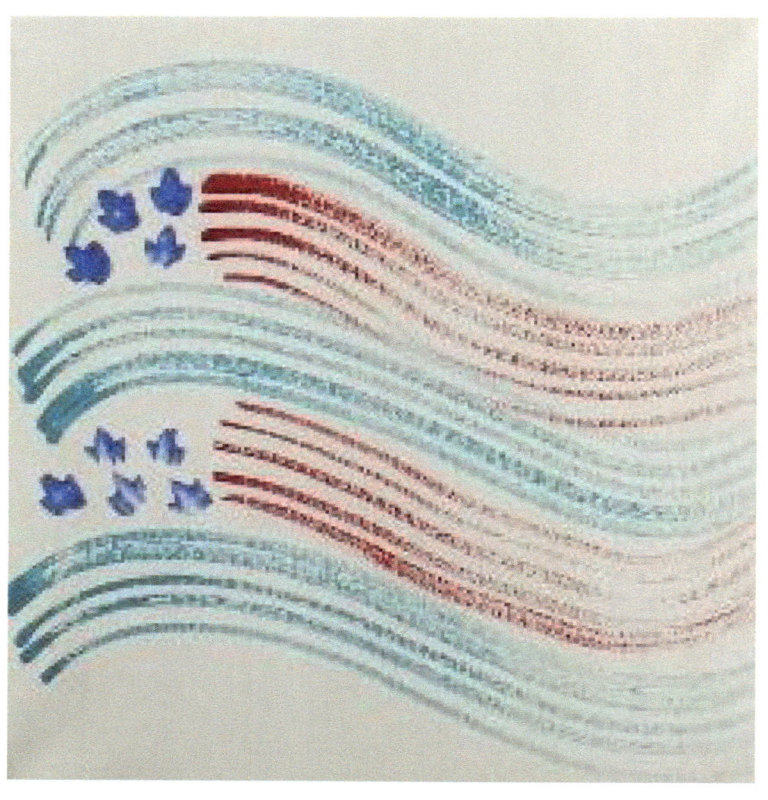

Kap Arkona

Hinter mir all das land
und die sonne bis auf eine
grasnarbe und den sand
dornstrauch silbern und grün
die blätter glühende beeren

schwalben lassen sich fallen
über den rand der steilküste
der wind bürstet gras und haar
ich seh es im schatten
spiegel der sich streckt über
die klippe stürzt tausend kronen
reiten auf den wellen des meeres

Toter Kerl
(Hiddensee)

Im sanddornbruch noch geschützt
vor wind und meer geht die sonne
vorüber an den gelbroten beeren und
den dunklen tellern des holunders kühl
schon rieselt der sand durch den engen
hals der uhr lautlos jagen die schwalben

Eisvogel

Federblaues flügeltuch
türkis der augenblick des zaubers

das schwirren der schwingen
blau orange der leib ein pfeil

taucht ein und der wind streicht
übers wasser lockt ins uferschilf
die verwunschene tochter

Von keiner Stelle der Ortschaft einzusehen
(Judenfriedhof bei Walsdorf/Oberfranken)

abseits von keiner stelle der ortschaft
einzusehen hinter stachel und maschendraht
haben sich grauwittrige grabsteine ungestört
auf die schlafseite gelegt in dem kleinen
mischwäldchen unmittelbar an der straße

ob mich neugierde hierher lockte oder die
elster die aufflog mit gekrächz und das
düsengedröhn des flugzeugs zerriss ich
deute wohl zu viel hinein, weil dornbrüchige
akazien und fast mannshohe brennnesseln

sogar den zaun verstecken so leicht
ist also kein zugang zu den toten zu
finden unter den strengen hebräischen
schriftzeichen den schafsgarben deutschen
eichen wacholderstauden und dem schlanken

vogelbeerbäumchen mit seinen roten früchten
wo keine ordentlich bepflanzten grabhügel
oder steinerne grabumgrenzungen einen
totentanz verhindern wie er von vielen schon
zu lebzeiten getanzt werden musste nirgendwo

ein name oder ein bild das einem nachdenken
erleichterte und eine einzige person aus
der totenmasse lösen könnte und die vielen
aschenen staubteilchen fassbar machte die fast
ein jahrhundert später auf die erde fielen

und auch auf das gras das zum teil in den
sarkophag flüchten konnte weil seine kopf-
und fußplatten fehlen wenigstens für einen
augenblick auf diesem gras stehen die
umzäunung überwinden also laufe ich auf

die straße zurück dem eingang zu vorbei
an grabmalen die alle ihre kahle
unbeschriftete rückseite der straße zuwenden
bis auf den stein mit der gebogenen palme
und dem reichen vom meerwind aufgebauschten

blattwerk das tor ist verschlossen
die beiden türflügel zusätzlich mit draht
gesichert am linken die weiße tafel mit
der schwarzen schrift dieser friedhof wird
dem schutz der allgemeinheit empfohlen

beschädigungen zerstörungen jeglicher
beschimpfende unfug wird strafrechtlich
verfolgt stgb § 168 § 304 die gemeinde

Mariä Geburt

Der himmel stahlblau
stach ins auge

kein schwalbenflügel
hilft den stoß parieren

wenn die schwalben
nicht wieder kommen

Dennis Wolter, Italienische Nacht

Der Sommer geht

Ein zweimal
strich der sommer übers feld
berührte die halme im windbruch
liegen ähren und lautes klatschen
von flügeln – ringeltauben
fliegen auf satt und schwer
am himmel steht der falke
kippt das blaue stundenglas

Morgennebel

Nebeltücher gleiten in die mulden
der wiesen und in die wasser
der teiche falten sich an den füßen
der kastanien blätterkronen
scharf in milchiges weiß geschnitten
ein kormoran erhebt sich der flügel
des flugzeugs blinkt in der sonne
und zieht mit silbernem stift
einen strich quer über das bild

Ohne Titel

Ein ächzen
der wind stemmt sich gegen
das alte schwere eichentor
es hängt schief in den angeln
im 5. stock der knorrigen eiche

ein knarren
das tor öffnet sich einen spalt
kurz das gesicht eines grünspechts
sein grob geschnitzter kopf
wie der einer handpuppe

zwei schüsse fallen
im unterholz der wind
schlägt die tür zu

Denis Wolter, Winterwald

Gartenvögel

Zaunkönig
und rotkehlchen

federleichte
gedankenspiele

das rotkehlchen
als herold
des zaunkönigs

doch wer wünschte sich
die beiden als wappentiere

misstrauische märchenerzähler

vielleicht

einzementierte glasscherben
auf den mauerkronen
besonders beliebt
zackig ausgeschlagene
bierflaschenböden

stacheldrahtbewehrte
nutzflächen die gärten
der nachkriegszeit

eine ausnahme am rand der gasse

ein kleiner garten mit blumen
stachel und johannisbeersträuchern
einer rhabarberstaude die blätter
so groß wie regenschirme

und vorne links im eck
neben brennnesseln und wassertonne
sieht man einen feuersalamander
gelb und schwarz glänzt er
im frühen licht

in dem garten stand peter

ein mann wie ein dickes kind
strähnen aschgrauer haare
fielen ihm in den nacken
der leuchtete rot
unter den dünnen haaren

eine tinktur war aufzutragen
täglich schmerz und angst

peter mit der zerbissenen vernarbten zunge
die nur selten platz in seiner mundhöhle fand

wie hat er die die zeit
der euthanasie überlebt

„ungeheilt entlassen"

der letzte vermerk in den
akten der ermordeten

und die schüttelgeiera
sie fährt mit dem rad
sie kann kaum gehen

zitternd wechselt sie
die straßenseiten
als ob magnete hüben
und drüben unvermittelt
die pole wechselten

schmährufe
von kindern
als ob sich nichts
ändern könnte

kein erwachsener
schreitet ein

vielleicht weil mitleid
ein eingeständnis wäre
vergangener schuld

verwurzelt im rassenwahn

auf einer rolle verrosteten stacheldrahts
sitzt der zaunkönig er lauscht dem bericht
des rotkehlchens über gegenwärtiges
und vergangenes will seine krone abgeben

das rotkehlchen verspricht
einen märchenerzähler zu finden

wenn sie selbst
auf die falken achten

Timur Manopow, Tierpark

5. KAPITEL

OKTOBER – NOVEMBER – DEZEMBER

Spaziergang

Der rabe auf dem baum blickt übers feld
zum haus der putz bricht von den wänden
so leise glitt die axt ins bein vor langer zeit

bilder schwimmen tief in den reusen der seele

der buchen helles grün im sonnenspiel
der schillernde flug der libellen im schilf
vor den alten spiegeln des wassers

stand die laubhütte
in die ich hüpfte auf einem bein

Helga Schmitt, Feenwiese

Entfernung

Stimmten sprichwörter
deine ohren müssten klingen

ein früher frost
machte die vögel stumm

ach, nützte doch
die vogelperspektive

Notizen

11.10.2014
Drei Geländefahrzeuge kommen über den Schotterweg zum Ufer des kleinen Weihers.
Drei Jäger steigen aus.
Einer entsichert das Gewehr, schießt auf eine Krähe, fasst den toten Vogel an den Beinen, schleudert ihn in den Weiher.
Ein Hund wird aus einem Auto geholt.
Er soll das Apportieren lernen.

17.10.2000
Der erste Nachtfrost. Reif auf den Dächern. Rufe. Graugänse in Formation.
Sekunden ohne Orientierung.

22.10.2008
Das Wintergetreide ist ausgebracht. Günstig stand der Wind, schluckte jedweden Lärm auf dem Aussichtshügel.
Hier sitzen Raben, schauen übers Tal, in dem die Hausfassaden weiß und gelb leuchten.
In Augenhöhe streicht ein Bussard hinüber zum Wald.
Die Bäume stehen auf gelben Teppichen und roten Läufern.

27.10.2008
Der Mond, eine goldglänzende Sichel im Wipfel des alten Birnbaums.

Ein Jäger tritt aus dem Wald, das Gewehr hat er geschultert.

Monika Güttler, Gute Stube

Stare

Leer sind die häuser der stare
und die antennen auf den häusern
die sie unbemerkt verlassen haben.

Heute sah ich alle – ein großer schwarm
rollte als welle über das geschnittene gras.

Nur das schlagen der flügel war dabei
zu hören wie das helle rauschen
eines rades das sich schnell im kreise dreht.

Zauberei

Das tuch über dem flutgraben
wird weggezogen eine hand
wirft einen ball hoch
er zerfällt wie ein klumpen
trockener erde ein schwarm
goldgelber ammern
sitzt auf der erle
noch wippen die zweige

Notizen

6.12.2018
Ein Sack voller Dohlengelächter
ausgeschüttet über Schloss und Park.

9.12.2017
Am Ortsrand ein wenig Schnee. Das Amselmänn-
chen singt Minnelieder zu den Siebenuhrnachrich-
ten.

13.12.2008
Einmal Schnee, einmal Regen, seit Tagen Temperatu-
ren um 0 Grad. Heute wieder Schnee, manchmal
reißt der Himmel auf, lässt den Schnee glänzen.
Vor ein paar Minuten Aufregung in der Vogelwelt
im Garten. Amsel, Sperlinge, Meisen suchen Schutz
im Efeu, in der Eibe. Gezeter und Warnrufe. Ein
Falke jagt durch den Garten.
Dann Stille. Die Gefiederten warten, bis sein Schat-
tenriss auf dem dünnen Schnee verblasst.

31.12.2011
Der einäugige Odin brauchte neben zwei Wölfen
auch zwei Raben.
Hugin: klug, der Gedanke …
Menin: verständig, die Erinnerung …

Jetzt ist die Zeit der Wilden Jagd.

Oliver Schug, Kosmos

EPILOG, ZWEI TEXTE,

IN DENEN DIE JAHRESZEITEN INEINANDER VERFLIEßEN

Mathias Ulrich, Der Baum

Buger Spitze

Hier
am alten wehr
hier stehen
pappeln grün und weiß
stehen sonnentage
hoch im laub
da spielt der wind

manchmal brechen äste
stürzen auf die erde

der fremde fährmann
drückt mit den händen
geglättetes holz in den grund
stemmt sich dagegen
geht durch das boot
bunte gesichter gleiten vorbei

auf dem grund
am alten wehr
liegt ein schaf
aufgedunsen der leib
es liegt auf einer decke
aus moos und algen
messerscharf und glatt
sind die steine darunter

kieloben ruht der schelch
unter den pappeln

grünes und weißes moos
wird in die fugen geschlagen
mit hammer und eisen
auf dem feuer kocht
der schwarze teer
hart sind die schatten
auf den fassaden
der häuser im dorf

am wehr stehen pappeln
manchmal brechen äste
und stürzen auf die erde

bannsprüche am abend
wenn aus dem geäst
sich die lemuren lösen

ein leises rascheln nur
im haus schleicht der frost
über die sonnenwarme haut

schöne frauen liegen
im grün und weiß
der pappeln im sommer

hier steigen wir ins wasser
gehen über die glatten steine
das gestrickte badezeug
die schweren unterhosen
mit den vernähten schlitzen
schlagen um die knie

hoch im laub der wind
spielt sonnentage

der fremde fährmann
hortet brot
für den winter
füttert die schwäne
weiß
um die hellen nächte
an der neva

hier stehen pappeln
stehen sonnentage
da spielt der wind

manchmal brechen äste
und stürzen auf die erde

es teilt sich der fluss

Monika Güttler, Winterwelt

171

Manchmal

lag noch stroh auf dem kopfsteinpflaster
eine handvoll gehäckseltes stroh nur –
das war so glatt wie eis war winterweiß
und sonnenwarm unter den füßen

und am himmel jagten die schwalben
bilder schlüpften tief ins herz – das stroh
aus den futtersäcken der arbeitspferde
– hüh und hott – schnalzt der kutscher

mit der zunge springen funken über den stein
und die schwalben fliegen unter das dach fliegen
aus und ein und am abend trägt der wind engelshaar

und krippenstroh in die fugen bettet
sternsilben zwischen basalt und granit

Inhaltsverzeichnis

Epilog: zwei Texte, in denen sich die Jahreszeiten mischen und so gleichsam auflösen

Buchveröffentlichungen

Mit roter Tinte
(Gedichte – vergriffen)

Windschattenspiele
(Gedichte – vergriffen)

Vom kleinen Elefanten mit dem zu langen Rüssel
52 Freitagsabendgeschichten
(Kinderbücher, zwei Bände – vergriffen)

Nickel kommt in die Bahnhofstraße 47
(Kinderbuch – vergriffen)

Erinnerungsraum Bamberg – Camera obscura
(Lyrik und Prosa – vergriffen)

Domestizierte Sehnsucht
Bilder aus dem Depot in drei Räumen
(Lyrik und Prosa – ISBN: 978-3-75346497-8)